Nahrung für die Seele

Margret E. Arminger

Die Kunst, Erotik und Lebenslust
zu wecken

Nahrung für die Seele

Margret E. Arminger

DIE KUNST, EROTIK UND LEBENSLUST ZU WECKEN

Verlag Hermann Bauer
Freiburg im Breisgau

> Die Deutsche Bibliothek – CIP-Einheitsaufnahme
>
> Ein Titeldatensatz für diese Publikation ist bei
> Der Deutschen Bibliothek erhältlich

Herausgegeben von Richard Reschika

1. Auflage 2002
ISBN 3-7626-0881-4
© 2002 by Verlag Hermann Bauer GmbH & Co. KG,
Freiburg i. Br.
www.hermann-bauer.de
Das gesamte Werk ist im Rahmen des Urheberrechtsgesetzes geschützt. Jegliche vom Verlag nicht genehmigte Verwertung ist unzulässig. Dies gilt auch für die Verbreitung durch Film, Funk, Fernsehen, photomechanische Wiedergabe, Tonträger jeder Art, elektronische Medien sowie für auszugsweisen Nachdruck und die Übersetzung.
Einband: Ralph Höllrigl, Freiburg i. Br., unter Verwendung einer Vorlage von Marketing Design Service GmbH,
Hamburg
Gesamtherstellung: fgb · freiburger graphische betriebe
www.fgb.de
Printed in Germany

Inhalt

Die sieben Gesetze des Eros . . 9

I. Sieben Stufen zur Freude . 30
   Das Einmaleins des erotischen Magnetismus 39

II. Mach zur Dienerin dir die Mondgekrönte 41
    Das Einmaleins des weiblichen Pols 45

III. Sonnengekrönt grüßt der
zweite Schlangengott . . . 48
*Das Einmaleins des männ-
lichen Pols* 52

IV. Gib dich dem Kuss der
Schlangen hin 56
Das Einmaleins der Umkehr . 62

V. Mann und Frau im strahlenden Licht des Juwels . . . 67
*Das Einmaleins des Doppel-
gängers* 74

VI. Möge Leidenschaft sie vereinen 78
Das Einmaleins des Energie-Recyclings 84

VII. Einen Ort zu ihrer Freude 89
Das Einmaleins der magischen Kraft 97

Erotische Macht 101

Quellennachweis 107

Die sieben Gesetze des Eros

*Im Garten der Göttin
wandelt er,
der die Geheimnisse
der Götter hütet.
Eine himmlische Tafel
gab sie ihm,
die strahlend macht,
die Stumpfheit
des Fleisches überwindet.*

*Die Pflanze der Geburt
ist allen gegeben.
Die Pflanze der Leidenschaft
nur den wenigen.
In sieben mal sieben Tagen
von der Erde zum
strahlenden Glanz
des Himmels
erhebt sie sich
für den,
der die heiligen
Gesetze kennt.*

*Sieben Gesetze
kennt der Lebensbaum,*

sieben Stufen zur Freude,
zur Leidenschaft,
zum Planen und Streben.
Zu Füßen des Baumes
Meister und Geliebte zugleich.

Zwei Schlangen
umwinden den Baum.
Mach zur Dienerin dir
die mondgekrönte
und die Rätsel
der Erde.
In die Tiefe lass dich führen!

*Sonnengekrönt
grüßt der zweite
Schlangengott.
Seine Weisheit
verbindet Höhe und Tiefe
und öffnet das Haus
des Lernens.*

*Sind die Baumgötter
in Eintracht,
erheben sich die bunten Falter
in den Himmel.
Sind Mond und Sonne
in Zwietracht,
fallen nur Larven*

vom Baum.
Geheime Dinge sieht,
der sie zusammenhält.
Darum wechsle die Kräfte
und gib dich dem
Kuss der Schlangen hin.

Der Mittelpunkt
des Baumes,
das Herz des
Heiligen Ortes.
Seine Lichter und Schatten
fallen mächtig über den Baum.
Im Traum sah ich dort
Mann und Frau

*im strahlenden Licht
des Juwels.*

*Im Baum leben
Götter und Dämonen,
Leben und Tod.
Möge das Licht
der Freude gefallen
und Leidenschaft sie vereinen.
Die Fürsten des Baumes
entrinnen dem Reich des Todes.*

*Große Weisheit
gibt er ihnen.
Früchte, die in einem*

*Gott gereift sind.
Einen Ort zu ihrer Freude.
Die die sieben Stufen
des Baumes kennen,
sie sind die Mächtigen der Zeiten.*

Die Wurzeln zu den Ursprüngen dieses Büchleins reichen weit in die Vergangenheit, weit in die mythischen Anfänge der Menschheitsgeschichte zurück. Und wie ein mythischer Baum ist die darin enthaltene Botschaft über die Jahrtausende hinweg herangereift. Nun endlich entfaltet er seine Krone, streckt sein Geäst durch die Gegenwart in die Zukunft und bietet seine Früchte zur Ernte dar.

Manche Wurzeln dieses in vielerlei Hinsicht symbolträchtigen Baumes sind möglicherweise bereits fünftausend, vielleicht sogar siebentausend Jahre alt – manche Äste aber werden wohl erst im neuen Jahrtausend an Kraft und Saft gewinnen. Die Botschaft jedoch oder – um im Bild zu bleiben – der Baum existiert sei eh und je und hat während seines jahrtausendelangen Wachstums immer wieder Triebe angesetzt, zuweilen vielleicht sogar geblüht und die eine oder andere Frucht getragen. So kündet dieser Baum sowohl aus der Vergangenheit wie auch aus der Zukunft von einem Geheimnis, um das bis heute nur eine verschwindend kleine Zahl von Menschen wusste, obwohl es sich wie ein roter Faden durch alle Symbole und Mythen der Menschheit zieht: das geheime Wissen, dass es schon immer zwei Formen von Sexualität gab – eine äußere, die der Evolution diente, und eine innere, die der Mensch für seine eigene Entwicklung nutzen konnte.

Freude – Leidenschaft – Planen – Streben ... Lassen wir uns diese Worte »auf der Zunge zergehen«. Spüren wir sie in unserem Körper, und wir werden bemerken, wie er plötzlich lebendig wird. Die Freude zieht in unser Herz ein, die Leidenschaft in unsere Genitalien, das Planen in unser Gehirn und das Streben in unseren Bauch. Mit einem Schlag erkennen wir den Lebensbaum in uns selbst und können zumindest kurzfristig erahnen, was es heißt, einen geliebten Körper zu haben und selbst Meister dieses Körpers zu sein. Gleichzeitig zeigt uns diese kurze Imaginationsübung jedoch auch, dass unsere erotischen Anlagen noch immer in den Kinderschuhen stecken. Denn genau genommen sind all diese Begriffe, die Freude ebenso wie das Planen und Streben, verschiedene Formen der Leidenschaft – und Leidenschaft ist das Grundrecht unseres ganzen Körpers.

Vielleicht war es genau das, was die möglichen Verfasser der *Sieben Gesetze des Lebensbaumes* meinten, als sie von *sieben Stufen* sprachen und von einer *Pflanze der Leidenschaft*, die von der Erde bis zum Himmel wächst. Im Zuge meiner Recherchen fand ich nämlich heraus, dass auf vielen babylonischen oder sumerischen Darstellungen der Baum des Lebens die zentrale Rolle spielt. Umgeben von Schlangen, war er wohl der Vorläufer des berühmten Lebensbaumes der Bibel. Und wahrscheinlich sind die uralten Gesetze des Lebensbaumes irgendwann einmal von Kabbalisten zu den *Sieben Gesetzen* des Eros gemacht worden. Ein altes Rollsiegel, das in Mari gefunden worden war, bestärkte mich in dieser Auffassung. Man vermutet, dass es die mesopotamische Schöpfungsgeschichte darstellt, und erstaunlicherweise zeigt auch dieses

Siegel zwei Bäume. Der erhöht sitzende Gott wird darauf von zwei baumähnlichen Gestalten flankiert, deren Äste sich schlangenartig winden.

Das schönste Beispiel für das Meta-Sex-Wissen uralter Zeiten gibt uns aber Dionysos, der griechische Gott der Ekstase. Sein Namen leitet sich von dem Wort *Dios* für »Gott« und dem trakischen *Nusos* ab, was »Baum« oder »Sohn« bedeutet. In diesem symbolischen Sinn sind wir natürlich alle Söhne oder Töchter des Baumes, und wir alle verfügen über die ekstatischen Möglichkeiten dieses Baumes.

Vorerst ist dazu nicht einmal eine besondere Ausbildung erforderlich. Blicken Sie sich ganz einfach einmal um. Sehen, fühlen und erschnuppern Sie den erotischen Magnetismus in Ihrer Umgebung. Es gibt nämlich kaum eine aufregendere Sache, als sich einmal außerhalb von Bett und Schlafzimmer mit dem Eros zu beschäftigen. Wenn wir Menschen dabei beobachten, wie sie sich bewegen, wie sie sprechen und gestikulieren, können wir ihre ganz besondere Erotik entdecken. Wenn wir unsere Wohnungen, unsere Häuser, Kleider oder Autos und sogar unsere Art des Denkens unter die Lupe nehmen, sehen wir in ihnen Manifestationen einer Form des Magnetismus, die uns bis heute kaum bekannt war.

Auf der Suche nach dem Eros in uns allen entdecken wir eine völlig neue Form der Lust, die sich nicht mehr ausschließlich auf unsere Genitalien und auf mögliche Partner beschränkt. Stellen wir uns einmal vor, unsere Welt wäre wie durch Zauberhand von heute auf morgen eine durch und durch erotische geworden: Eros, der Gott der Götter, würde in die Welt der Geschäfte ebenso Einzug halten wie in die

Politik, in unsere Universitäten und in die Stationen von U-Bahnen, in unsere Familien, aber auch in die Wohnungen von allein stehenden Menschen.

Wir würden morgens mit jenem durch und durch wohligen Gefühl erwachen, das wir ansonsten nur in der Sexualität erleben. Wir könnten mit einem lustvollen Gefühl der Erwartung an unsere Arbeit gehen, das Essen würden wir nicht wie Fast Food herunterschlingen, sondern wie ein Feinschmeckermenü genießen. Denken könnte als erotisches Zusammenspiel mit unserem Gehirn denselben Spaß machen wie ein Flirt mit einem geliebten Menschen.

Stellen Sie sich Banker vor, die dem Auf und Ab der Währungen lustvoll und nicht hektisch entgegensehen; Kinder, die sich so richtig auf die Schule freuen; Politiker, denen Gespräche mit Bürgern Spaß machen, Menschen, die sich langsam und erotisch durch die Straßen bewegen – und vor allem: Empfinden Sie diese zauberhafte Möglichkeit in Ihrem Körper.

Die »Zauberhand«, die die äußere Welt zumindest kurzfristig in ein halbes Paradies verwandelt hat, war natürlich Ihre eigene. Mit ihrer Hilfe haben Sie auch schon das erste Gesetz des erotischen Magnetismus entdeckt: Erotik herrscht dort, wo zwei Pole zusammenkommen. In unserem speziellen Fall war es das Gefühl, gleichzeitig im Körper und in der Außenwelt zu sein. Normalerweise hasten wir durch diese Außenwelt ohne jedes Gefühl für den Körper, unsere Gedanken sind einseitig und zielen auf eine eher »elektrische« Weise nur in eine Richtung, Erotik, wahre Erotik, aber ist immer magnetisch. Sie ist das, was das unsichtbare

Spiel zwischen den Dingen ausmacht, und deswegen so schwer greifbar.

Wenn wir uns nämlich fragen, warum wir in manchen Situationen durchaus erotisch handeln, in anderen wiederum völlig unerotisch, stellen wir fest, dass es zwei verschiedene Betrachtungsweisen gibt: in Innen- und Außenwelt, in Freizeit und Arbeitszeit. Die Freizeit dient unserem Wohlbefinden, die Arbeitszeit unserem beruflichen Fortkommen. In der Freizeit könnten und sollten wir unsere erotischen Fähigkeiten pflegen; in der Arbeitszeit, also in der Außenwelt, haben wir auf der Hut zu sein und unser Hirn sowie alle Abwehrkräfte einzusetzen. Dass beides nicht wirklich zu trennen ist, dass die Abwehr gegen die Außenwelt nie ganz zum erwünschten Eros unserer Innenwelt führen kann, ist die logische Konsequenz daraus.

Die zweite Betrachtungsweise trennt nicht in Außen- und Innenwelt, sie besagt kurz und bündig: So wie man auf die Dinge zugeht, so kommen sie einem entgegen. Macht man sich mit Spaß und durchaus spielerisch an eine Arbeit, so kann auch die schwierigste Denkaufgabe zum erotischen Vergnügen werden. Unser ganz persönlicher Eros überträgt sich dabei auf die Außenwelt und kann alles und jedes erotisch werden lassen. Wir laden die Dinge quasi mit unserer eigenen Energie auf, um später wieder Energie von der Außenwelt zurückzubekommen.

1. Sieben Stufen zur Freude

Haben Sie schon einmal darüber nachgedacht, wie viele Nuancen, wie viele Schattierungen, wie viele Stufen das Wort Freude hat? Die kindliche Freude, die noch immer in uns steckt, die Freude, mit geliebten Menschen zusammen zu sein, die Freude an schönen Dingen, die Freude am Beruf, die Freude an einem Spiel ...

Schließen Sie für die nächsten zehn

Minuten die Augen und versuchen Sie, sich Freude einfach vorzustellen. Vielleicht in Stufen, die Sie immer tiefer in die Freude hineinführen. Auf der ersten Stufe stellen Sie sich ganz einfach vor, was Ihnen in der nächsten Stunde am meisten Spaß machen würde. Sehen Sie dabei das Bild dessen, was Ihnen Freude machen soll, vor sich, versuchen Sie jedoch gleichzeitig auch, die Freude in Ihrem Körper zu fühlen.

Dann stellen Sie sich vor, Sie würden eine Stufe tiefer steigen, weiter in die Freude vordringen und dort einen

Gegenstand vorfinden, den Sie sich schon immer gewünscht haben. Betrachten Sie diesen Gegenstand ganz genau, nehmen Sie dabei aber auch Ihre Gefühle wahr. Achten Sie vor allem auf den Unterschied zwischen der ersten und der zweiten Stufe. Auf der dritten Stufe imaginieren Sie Ihr Berufsleben. Malen Sie sich in den schillerndsten Farben aus, was Ihnen dort die größte Freude bereiten würde. Dann steigen Sie noch eine Stufe tiefer. Auf der vierten Stufe zur Freude begegnen Sie einem geliebten Menschen. Stellen Sie sich auch diese Begegnung in allen Einzelheiten vor. Überlegen Sie, worüber Sie mit ihm reden würden, wie Sie ihn berühren könnten, was Sie vielleicht gemeinsam unternehmen würde.

Jetzt halten Sie inne. Betrachten Sie Ihre Gefühle ganz genau, und vergleichen Sie sie mit dem Gefühl der Freude auf den vorangegangenen Stufen. Bemerken Sie den Unterschied? Dann ist es Zeit für die nächste, die fünfte Stufe. Steigen Sie dazu in Ihrer Vorstellung noch ein wenig tiefer in Ihren Körper hinein, und erinnern Sie sich von dort aus an das intensivste Gefühl der Freude, das Sie je hatten, an das größte Glück Ihres Lebens. Schwelgen Sie in diesem Gefühl, genießen Sie es, solange Sie wollen.

Dann aber steigen Sie noch eine Stufe tiefer. Auf der sechsten Stufe stellen Sie sich irgendeine Kleinigkeit vor, eine wunderbare Blume, einen schönen Stein, einen Baum – irgendetwas, das Ihnen nicht deswegen Freude macht, weil Sie es begehren, es sich wünschen, sondern ganz einfach, weil es ein Stück schöne Natur ist. Betrachten Sie dieses Mal die Freude in Ihrem Körper noch ein wenig genauer; es ist eine andere Freude als die, die Sie auf den ersten fünf Stufen erlebt haben: ein Gefühl, das nicht mehr nach außen gerichtet ist, nichts festhalten und umklammern will. Genießen Sie dieses Gefühl. Es ist am Anfang vielleicht nicht so intensiv wie die Freude an Menschen oder den verschiedenen Objekten unserer Begierde – aber es ist der erste Schritt zur wirklichen Ekstase.

Diese Ekstase werden Sie in den kommenden Übungen noch genauer kennen lernen, vorerst aber machen Sie noch einen letzten Schritt hinunter zur siebten Stufe der Freude. Nehmen Sie dabei die unabhängige, lockere Freude der sechsten Stufe noch ein wenig tiefer in sich hinein, aber sehen Sie jetzt überhaupt nicht mehr nach außen. Verzichten Sie auf jedes Objekt der Freude, spüren Sie nur die Freude an und in Ihrem Körper. Horchen Sie in diese Freude hinein, sehen Sie das Licht dieser Freude, ertasten und erfühlen Sie sie. Dann vergleichen Sie noch einmal die verschiedenen Nuancen der Freude, die sieben Stufen, die zu wirklicher Freude führen.

Wenn Sie die Augen wieder öffnen,

haben Sie eine erste Ahnung davon bekommen, was es heißt, *zu den Füßen des Baumes Meister und Geliebte zugleich* zu sein. Und Sie haben mithilfe der Freude eine Kostprobe davon erhalten, dass die Kraft des Eros und der Ekstase tatsächlich Möglichkeiten birgt, die wir uns bis heute kaum vorstellen können.

In den seltenen Büchern, die uns über uralte hedonistische Traditionen erhalten geblieben sind, liest man von Unsterblichen, von ewig jung Gebliebenen, von Menschen, die durch die Lüfte flogen oder andere magische Fähigkeiten beherrschten. Daran mag viel Übertreibung sein, aber die späteren Kapitel werden zeigen, dass unser Charisma, unsere Gesundheit und vieles andere mehr tatsächlich von den Stufen der Freude abhängig sind, die wir hinauf- und hinunterstiegen. Wer seinen Körper als ein »Verzückungsinstrument« begreift und ihn nicht weiterhin als ein reines Anhängsel des Denkens mit sich herumschleppt, wird schon sehr bald jene ungeheure Befreiung erotischen Erwachens erleben, die von der Sohle bis zum Scheitel, von unseren Genitalien bis zur höchsten Form des Denkens reicht.

Das Einmaleins des erotischen Magnetismus

1. Alles hängt von unserem persönlichen Magnetismus ab.
2. Sexualität ist nach außen gerichtet, Erotik nach innen.
3. Erotischer Magnetismus ist die dritte Kraft, die die verschiedenen Pole miteinander verbindet.
4. Im Menschen sind dies zwei Grundenergien: die passive weibliche Energie des Körpers und die aktiv treibende Kraft des Gehirns.
5. Bringen wir Gehirn und Körper in

Einklang, kreist die Sexualkraft durch den Körper, der »Lebensbaum« wird zum magnetischen Stab, der uns ein besonderes Fluidum verleiht.

6. Mit diesem ganz persönlichen Magnetismus laden wir die Umwelt auf und bekommen Energien, die unseren eigenen entsprechen, zurück.
7. Zerstreuen wir die Sexualkraft, ziehen wir falsche Dinge, falsche Menschen und falsche Situationen an.

II. Mach zur Dienerin dir die Mondgekrönte

Erotik in der soundsovielten Potenz, Meta-Sex, Orgasmen über Orgasmen – all das erreichen wir nur, wenn wir sowohl als Männer als auch als Frauen das zutiefst Weibliche in uns kennen lernen. Das bedeutet jedoch, zuerst alle Geschlechterrollen hinter sich zu lassen.

Schließen Sie einmal für einen Augenblick die Augen, und stellen Sie sich vor, Sie wären weder Mann noch Frau, weder aktiv noch passiv.

Schon das löst ein eigenartiges Gefühl aus, weil die meisten von uns sich häufig eher aktiv verhalten. Dann beginnen Sie sich auf Ihren Körper zu konzentrieren, auf das weibliche Prinzip in Ihnen – den Palast aller Lüste dieser Welt. Erinnern Sie sich daran, dass früher einmal eine sumerische Göttin größte Lust nur denen versprach, die sich *in die Tiefe führen lassen*. Jetzt stellen Sie sich vor, Ihr Körper wäre ein liebliches, wunderschön blühendes Tal, in das sich von allen Seiten Erotik, wahre

Erotik, ergießen würde. Beim Einatmen imaginieren Sie Eros als eine Welle von Gefühl, die beim Ausatmen immer tiefer in das Tal vordringt. Sie können dieser Wonne eine bestimmte Farbe, einen bestimmten Ton oder Geruch zuordnen. Vielleicht erinnern Sie sich aber an den supererotischen Tastsinn, und genießen ganz einfach das Gefühl, nur Tal zu sein und mehr und mehr von Wonne erfüllt zu werden. Stress, alte Spannungen, Ärger und Ängste lösen sich auf, Ihr Körper wird immer mehr zu fließender Energie.

Strengen Sie sich dabei aber nicht

an! Atmen Sie langsam und völlig natürlich, und beobachten Sie, wie Ihr Körper mehr und mehr zum Tal wird und ein Strom wahrer Hingabe durch ihn hindurchfließt. Sexualität, Ihr wahres Geschlecht, erotische oder auch pornographische Bilder in Ihrem Gehirn verschmelzen dabei mit dem wahrhaft Weiblichen. Spüren Sie die Sinnlichkeit und Sensitivität Ihres Körpers. Dann öffnen Sie die Augen und beantworten sich die Frage, was Weiblichkeit wirklich bedeutet und was Ihnen die *mondgekrönte Schlange* als feminines Symbol der Lebenskraft sagt.

Das Einmaleins des weiblichen Pols

1. Der weibliche Pol ist die Kraftquelle in uns allen, die uns Vitalität, Gesundheit, Harmonie und Intelligenz schenkt.
2. Dieses weibliche »Sein« verführt immer wieder das männliche »Werden«, und von der Qualität dieses »Liebesspiels« hängen unser Magnetismus und unser Erfolg in der Außenwelt ab.
3. Die Anziehungskraft des aktiv-passiven weiblichen Magneten wirkt

zweifach: lebenserhaltend und zerstörerisch.

4. Als »mondgekrönte Schlange« steht der feminine Pol für die positiven weiblichen Aspekte, für die Fähigkeit sich hinzugeben, aus der eigenen Haut zu schlüpfen, sich völlig zu erneuern.
5. Als »Drache« ist der weibliche Pol vor allem in der Mythologie, aber auch in der Religionsgeschichte seit jeher ein Hinweis auf die unbewussten, verschlingenden und zerstreuenden Eigenschaften des Femininen.

6. Das Empfinden von Lust, echter Lust, ist eine der wichtigsten Fähigkeiten des weiblichen Faktors in uns und damit der Schlüssel zu vielem.
7. Diese Lust ist es, die uns empfängnisbereit macht: Sie führt aber nicht nur zu neuem biologischem Leben, sondern schafft ebenso neue Gefühle, neue Ideen und ein neues Verständnis für unseren Körper.

III. Sonnengekrönt grüßt der zweite Schlangengott

Sonnengekrönt – genau das ist das Feeling, das viele von uns überkommt, wenn wir unseren Körper in einer der neuen Sportarten als eine Art ganz besonderes Verzückungsinstrument begreifen. Es ist das Aufleuchten in unseren Augen, wenn uns bewusst wird, dass wir auf eine neue und viel freiere Art denken als unsere Vorfahren.

Viele von uns ahnen es heute: Es

wird Zeit, dass wir endlich etwas zu unserem Vergnügen tun. Seitdem die biblische Schlange zum Kriechen auf dem Bauch verurteilt wurde, gebären wir nicht nur unter Schmerzen, sondern führen insgesamt ein sehr schmerzhaftes Leben. Keine Ahnung mehr von wohligem Körper-Wissen, von der Kunst, Liebe und Begeisterung zu verspüren – geschweige denn sie zu leben. Dabei gibt es tief in uns allen ein ursprüngliches Paradies, an das jeder Orgasmus nur eine entfernte Erinnerung ist: Wir können »tausend Küsse tief gehen«, wir können weit in ein Tal der Erotik hinabsteigen, ganz zu einem Tanz, ganz zu einer Umarmung werden.

Schließen Sie für einen Moment die Augen, machen Sie die Probe aufs Exempel: Tanzen Sie den Tanz aller Tänze, werden Sie zur schönsten Umarmung der Welt. Gehen Sie ganz in dem Tanz oder in der Umarmung auf, beobachten Sie dabei aber Ihre Gefühle. Vor allem lassen Sie die Lust von Ihrem Körper in Ihr Gehirn strömen. Genau dies ist die *sonnengekrönte Schlange*, nämlich Meta-Sex! Wir verspüren alle Lust; sind wir uns der Fähigkeit des Hingebens und Schmelzens aber auch bewusst, verteilen wir die Energie über den ganzen Körper.

Als nächsten Schritt stellen Sie sich vor, Sie wären in dem Spiel der passive feminine Teil, der Tanz ohne Tänzer, die Umarmung ohne Umarmenden. Die Fantasievollsten unter den Meta-Sex-Künstlern erfinden übrigens längst ähnliche neue Lustspiele, bei denen einmal der eine Partner völlig passiv bleibt, dann der andere. Natürlich wird auch der aktive Part genossen. So wie Sie jetzt vielleicht den Spieß umdrehen und ganz zum männlichen Pol werden. Werden Sie der Tänzer, umarmen Sie, genießen Sie aber weiterhin das Gefühl der Zentriertheit. Vielleicht können Sie dann erahnen, warum vor Tausenden von Jahren jemand davon sprach, *dass die Weisheit eines sonnengekrönten Schlangengottes Höhe und Tiefe verbindet.*

Das Einmaleins des männlichen Pols

1. Das Spiel des Lebens findet überall dort statt, wo der Geist Materie befruchtet – und es ist umso vergnüglicher, je besser ihm dies gelingt und je einfallsreicher er dabei vorgeht.

2. Das Weibliche stellt in diesem Spiel die Kraft des Lebens dar, das Männliche aber die Form, die wir dieser Kraft geben.
3. So gesehen liegt die erste Stufe jeglicher Sexualität in uns selbst – und unser Gehirn ist ihr Schöpfer.
4. Die erotische Potenz dieses Gehirns wäre wohl unendlich. Der Unendlichkeit steht nur unser Mangel an Wissen über die Kräfte des Baumes der Erkenntnis und damit über die Fähigkeiten unseres eigenen Gehirns im Wege.
5. Genau genommen lieben wir alle,

Frauen ebenso wie Männer, auf sehr »männliche« Weise; wir lieben mit unserem Willen, unserem Intellekt, mit unserem als Denkwerkzeug einseitig überlasteten Gehirn.

6. Zu selten setzen wir die rechte Gehirnhälfte ein und lieben mit unseren Gefühlen, unseren Empfindungen und den unerschöpflichen Kräften der Fantasie.

7. Darum langweilt und überanstrengt viele von uns heute auch die Sexualität. Wir haben die erotische Potenz der rechten Hälfte unseres Gehirns noch bei weitem nicht er-

kannt, lassen uns aber von der linken Gehirnhälfte als schlimmstem Gegner jeder Art von Wonne tyrannisieren.

IV. Gib dich dem Kuss der Schlangen hin

Was passiert, wenn sich die mond- und die sonnengekrönte Schlange küssen und wir uns ganz *dem Kuss der Schlangen hingeben*? Wie verändern wir uns, wenn die weibliche Hingabe unseres Körpers auf das männliche Bewusstsein trifft und wir sowohl die Lust des Körpers als auch die Lust unseres Gehirns zu schätzen wissen? Immer wieder stellte ich mir angesichts der *bunten Fal-*

ter, die *sich erheben*, wenn *die Baumgötter in Eintracht* sind, diese Frage.

Vielleicht machen Sie es mir nach? Schließen die Augen, und versuchen Sie herauszufinden, wie sich mithilfe der Übungen, aber auch mithilfe der beiden Schlangen, Ihre Vorstellung von Lust verändert hat.

Dann verbannen Sie alle Vorstellungen von der Superenergie des Eros aus Ihrem Kopf. Gehen Sie in die Zeit zurück, in der Sie von den Gesetzen des Eros noch nicht die geringste Ahnung hatten. Stellen Sie sich vor, wie damals irgendeine sexuelle Fantasie zu einem Gefühl wurde, wie sich dieses Gefühl dann im Körper niederschlug. ... Jetzt gehen Sie den umgekehrten Weg: Nehmen Sie irgendeine körperliche Empfindung, die Sie damals vielleicht hatten, lassen diese Empfindungen wachsen, sie zu einem Gefühl werden; schauen Sie dann genau zu, wie das Gefühl zur Fantasie wird. Damit sind Sie die beiden allgemein üblichen Wege des Sexus entlanggegangen.

Nun kehren Sie in die Gegenwart zurück. Werden Sie sich klar darüber, dass der *Kuss der Schlangen* tatsächlich eine ganz andere Form der Erotik bedingt. Auslöser dafür ist weder ausschließlich unser Körper noch allein unser Gehirn, sondern die Macht des Eros in uns selbst, dann erst geht es um Techniken, um Fantasien.

Machen Sie die Probe aufs Exempel: Schließen Sie noch einmal die Augen, und denken Sie an den erotischen Abend, den Sie sich vorstellen können – vielleicht an ein herrliches Dinner bei Kerzenlicht in völlig gelöster Stimmung. Zuvor aber haben Sie in Gedanken noch einen kleinen Abstecher in Ihren Lustballon (eine energetische

Imaginationsübung, bei der man sich um seinen eigenen Körper eine weißgoldene Kugel vorstellt) gemacht. Sie haben sich von dort alle Liebe, Lust und Energie geholt, die Sie mitnehmen konnten, dann erst tauchen Sie bei Ihrem erotischen Dinner auf.

Sie können diesen Abend in Ihrer Fantasie allein verbringen und alles und jedes erotisieren; Sie können sich aber auch einen Abend zu zweit vorstellen. Einen Abend, an dem Sie nichts beweisen müssen, an dem das Spiel aller Spiele um des Spiels willen gespielt wird, nicht um Orgasmen zu bescheren – aus reiner Freude am Spiel und dem unbefangenen Spaß daran.

Falls Sie sich eine erotische Spielerei allein oder zu zweit so plastisch und fantasievoll wie möglich ausmalen können, sind Sie in den Gesetzen des Eros bereits weit fortgeschritten. Dann werden Sie wohl auch erkennen, dass es der *Kuss der Schlangen* ist, der uns zu Meistern der Erotik macht.

Das Einmaleins der Umkehr

1. Das größte Geheimnis der Mysterien hat auch heute noch seine Gültigkeit: Energie ist ganz einfach Energie – und dieser Energie liegt unsere Sexualkraft zugrunde.
2. Es gibt keine »gute« oder »böse« Energie; wir haben aber die Macht, unsere Energie gezielt einzusetzen.
3. Wir können sie für gepflegte Sinnlichkeit und Erotik verwenden, für Freude, Harmonie und ein durch und durch lustvolles Lebensgefühl. Wir können klüger, mächtiger und

gesünder werden – uns mithilfe der Schlange vielleicht sogar an eine Art »Unsterblichkeit« heranwagen.

4. Wenn wir unseren eigenen Sexualtrieb einmal unter die Lupe nehmen, können wir jedoch entdecken, dass die Schlange häufig lieber in kriegerischen Gebieten »wildert« als in harmonischen. Wir haben uns so an den ununterbrochenen »Krieg«, an Stress, Neid, Gier und Angst gewöhnt, dass wir alle Befriedigung draußen suchen und nicht in der Harmonie eines erotischen Körpers. Dies stumpft uns ab, macht uns lang-

weilig, kann uns krank werden und früher sterben lassen als notwendig.
5. Ebenso wie wir Energie nach außen zerstreuen und dabei verlieren, können wir sie aber auch zentrieren und nützen. Dazu müssen wir allerdings umkehren, »die Kräfte wechseln«.
6. Das Gesetz der Umkehr kennt drei Etappen: Die Stufe des Heilens und Ganzwerdens; dann die Stufe des Innehaltens und der endgültigen Umkehr. Auf dieser werden wir mit unseren eigenen Aggressionen, unseren Ängsten und sexuellen Fehl-

programmierungen konfrontiert und lernen sie zu überwinden. Auf der nächsten Stufe geht es dann weiter mit jenen Übungen, die bis heute ausschließlich den Geheimgesellschaften vorbehalten waren.

7. Das Gesetz der Umkehr liegt nicht ohne Grund zwischen den uralten Mysterien der Isis und dem Geheimwissen des Amun. Es entspricht jener Regenbogenbrücke, auf der wir zwar eine neue Form von Sinnlichkeit kennen gelernt haben, aber noch immer nicht jenes strahlende Bewusstsein, das die in die Myste-

rien Eingeweihten versprachen. Dennoch schafft das vierte Gesetz eine unüberwindliche Grenzlinie zwischen der alten Sexualität und all den neuen Formen des Eros. Wer sich einmal dem »Kuss der Schlangen hingegeben« und wahre Leidenschaft kennen gelernt hat, kehrt nicht mehr in das »Land der Larven« zurück.

V. Mann und Frau im strahlenden Licht des Juwels

In der Mythologie gibt es ein hübsches Beispiel für die Suche nach dem Doppelgänger in uns. Die Königstochter Psyche wurde dem Gott Amor vermählt, sie weiß aber weder, wer ihr Gatte ist noch wie er aussieht. Er besucht sie nur während der Nacht, so lange, bis Psyche neugierig wird, sich eine Lampe besorgt und so herausfindet, dass sie mit dem Liebesgott Amor vermählt ist. Auf sehr ähnliche Art ist unsere eigene Psyche mit etwas ihr noch Unbekanntem innigst verbunden, nämlich mit der eigenen Liebe, dem eigenen Doppelgänger. Sobald wir dessen Bedürfnisse jedoch kennen, brauchen wir nicht einmal mehr ein Gegenüber in der Welt, die Liebe zu uns selbst lässt uns ebenso unabhängig wie erotisch werden.

Schließen Sie für die nächsten zehn Minuten einmal die Augen, und stellen Sie sich vor, Sie würden es Psyche nachmachen. Genießen Sie es, in den Armen eines Liebesgottes oder einer

Göttin der Liebe zu liegen, geben Sie diesem Gott oder der Göttin jedoch auf keinen Fall die Züge eines Ihrer Partner. Kosten Sie ganz einfach nur die Umarmung voll aus; dann aber holen Sie sich ebenfalls eine Lampe und schauen sich diesen Gott oder diese Göttin einmal sehr genau an. Wie haben Sie sich Ihren Traummann/Ihre Traumfrau vorgestellt? Wie sah er/sie aus, wie leidenschaftlich war er oder sie, wie intelligent, wie gefühlvoll? Wenn Sie Ihren Traumpartner oder Ihre Traumpartnerin so zumindest ein wenig kennen gelernt haben, versuchen Sie sich darüber klar zu werden, warum Sie ihn oder sie genau so haben wollen, wie er oder sie Ihnen gerade erschienen ist.

Als Nächstes schließen Sie noch einmal die Augen und fragen sich: Wie leidenschaftlich war ich selbst? Sehr leidenschaftlich? Eher lau und gelangweilt? Müde und distanziert? Lassen Sie die Antwort einfach im Raum stehen, machen Sie dann aber einen kleinen Versuch: Klopfen Sie sich langsam und zärtlich auf die Mitte Ihres Brustbeins, genau auf die Stelle, die Sie berühren, wenn Sie in einer uralten

Geste die Hand aufs Herz legen. Hier befindet sich die Thymusdrüse, die für jene »höheren« Gefühle zuständig ist, die über einfache Begierden, Wünsche und Gelüste hinausgehen.

Was Sie jetzt spüren, haben Sie zuvor vielleicht vermisst. Dabei ist gerade dieses Gefühl das sicherste Anzeichen dafür, dass unsere Psyche wirklich verliebt ist, zugleich aber auch ein Zeichen für den Magnetismus, die Verliebtheit und die Liebe in den ersten Monaten einer Beziehung. Genau dieses Gefühl macht Liebesfilme so faszinierend für uns. Allerdings ahnen die wenigsten, dass wir dieses Liebesgefühl in uns auch ohne einen Partner aktivieren können.

Klopfen Sie ein zweites und ein drittes Mal zärtlich auf Ihre Brust, und Sie werden spüren, dass diese Drüse tatsächlich eine Art »biologischer Doppelgänger« der Liebe ist. Sie atmet, lebt und weitet sich in dem »höheren Gefühlspalast« nach Ihrem eigenen Liebesverständnis. Und genau dieses Liebesverständnis beeinflusst auch grundlegend Ihr Immunsystem, Ihre Gesundheit und Ihre Stimmung. Das Gefühl, verliebt zu sein, aktiviert unser

Hormon- und unser Nervensystem und ist somit das beste »Gesundheitsmittel« schlechthin.

Sich selbst zu lieben und sich damit einen gesunden Körper und ein jugendliches Denken zu bewahren, war übrigens das Geheimnis der Troubadoure, aber auch der Alchemisten, die den Schlüssel zum ewigen Leben suchten.

Das Einmaleins des Doppelgängers

1. Nach den Gesetzen des erotischen Magnetismus kommt es bei jeder Beziehung zwischen zwei Menschen zu einem Austausch von Energien, die sich vereinen und unterstützen oder sich abstoßen und bekämpfen.
2. Diese Energien könnte man als unseren Doppelgänger bezeichnen, der – für uns meist unbewusst – unsere Partner auswählt und damit über unsere Freundschaften und unseren Erfolg entscheidet.

3. Auf den ersten Blick sieht es so aus, als ob wir nur einen Doppelgänger hätten, der von den gegengeschlechtlichen Kräften in uns bestimmt wird, vom männlichen Animus in der Frau und von der weiblichen Anima im Mann. Je besser wir also unsere eigene Androgynität verstehen, umso besser harmonieren wir mit dem anderen Geschlecht.

4. Auf den zweiten Blick aber stellen wir fest, dass wir gewissermaßen sogar mehrere Doppelgänger haben. Unser Körper hat seine ganz beson-

dere Ausstrahlung. Unsere Leidenschaften ziehen ganz bestimmte Leidenschaften an. Unsere Gefühle stimmen sich genau auf andere Frequenzen ein; auch unsere Gedanken finden ihre ganz bestimmten Partner.
5. Um das Spiel des erotischen Magnetismus zu gewährleisten, ergänzen sich dabei im Idealfall Körper und Gefühle, während sich Leidenschaften und Denken gegenseitig steigern sollten.
6. Die große Liebe, die tiefe Freundschaft, unsere besten Beziehungen

sind also keine romantischen »Hirngespinste«, sondern wir verdanken sie der Fähigkeit, Energien zu vereinen und sie zu verstärken.
7. Trotzdem bleibt die Liebe ein Verwirrspiel, solange wir uns nicht selbst lieben. Erst durch die Liebe zu uns selbst vereinen wir alle bis heute unbewusst agierenden Doppelgänger, um gleichsam unser eigener Geliebter zu werden und von dieser Stufe aus nicht mehr polar, sondern verbindend zu wirken.

VI. Möge Leidenschaft sie vereinen

Nach uralten Überlieferungen bilden die beiden Partner bei einem Geschlechtsakt eine Art »Kanal« für kosmische Energien. Die Frau gleicht dabei der Mondkraft, der Mann wird als Sonnenkraft angesehen. Im Augenblick eines bis ins Detail ritualisierten Orgasmus verschmilzt die Psyche des Paares. Durch diese Energie »öffnet« sich das Nervensystem, und die Kundalini-Kraft kann in beiden Partnern aufsteigen. Auch das bekannte »Maithuna-Ritual« basiert auf dieser Vorstellung.

Bevor wir jedoch zu den bis heute sorgsamst gehüteten Geheimnissen der Erotik vordringen, machen Sie sich sozusagen als »Einübung« klar, dass das Feuer der Erotik nicht nur den ganzen Menschen erfassen kann, sondern als Schwingung auch weitergegeben wird. Schließen Sie die Augen, und legen Sie eine Hand auf Ihr Herz, die andere auf Ihre Genitalien. Stellen Sie sich dabei vor, beide Körperbereiche würden einen Dialog führen – einen Dialog, dessen Sprache so erotisch ist, dass sich beide miteinander verbinden.

Dann imaginieren Sie einen möglichen Partner beziehungsweise eine Partnerin. Fühlen Sie in der Fantasie seine oder ihre Schwingungen, und stellen Sie sich Ihre eigenen Schwingungen in diesem Augenblick vor. Bündeln Sie diese Energien, und lassen Sie sie in Ihrer Imagination auf den Partner übergehen. Lassen Sie Ihrer Fantasie dabei freien Lauf. Sie können sich vorstellen, wie Sie nebeneinander liegen, die Hände auf dem Bauch des anderen, um sich gegenseitig zu magnetisieren. Oder Sie sehen sich einander gegenübersitzen und legen die rechte Hand auf den Liebespunkt Ihres Partners. Vielleicht reiben Sie aber auch nur auf eine völlig neue und erotische Weise die Köpfe aneinander und stellen sich vor, wie aus der Stirn des einen Energie in den Kopf des anderen fließt. Dabei werden Sie spüren, wie Ihr Energiepegel ansteigt – vom Bauch in die Brust und weiter hinauf bis in den Kopf.

Sobald Sie ein Gefühl dafür entwickelt haben, wie intensiv Lebensenergien zwischen zwei Menschen hin-

und herfließen können, können Sie das gegenseitige Magnetisieren auch in der Wirklichkeit üben. Denken Sie dabei daran, dass sich im Tantrismus Partner zuweilen gegenseitig wie Götter anbeten, weil sie wissen, dass unsichtbare Energien zwischen den Menschen hin- und herfließen. Je mehr Liebe, Lust und Leidenschaft man dabei schenkt, umso mehr kommt auch zurück.

Falls Sie im Augenblick keinen Partner haben, zentrieren Sie ganz einfach Ihre eigene Gefühlsenergie. Lassen Sie eine Hand auf Ihren Genitalien liegen, und legen Sie die andere zuerst auf den

Bauch, später auf die Stirn. Stellen Sie sich vor, Sie wären in sich selbst verliebt und würden dort Energie speichern. *Möge ... Leidenschaft sie vereinen*, heißt es im achten Vers.

Bevor es ans komplizierte Energierecycling geht, sollten Sie ein Gefühl dafür entwickeln, wie Sie Ihren eigenen Magnetismus und den von andern steigern können. Denn genau dies ist wohl das einzige wirklich wichtige Geheimnis der Schlange: Unser Körper verfügt über einen riesigen Vorrat an Kräften, auf die wir jedoch nur in Notsituationen oder bei wenigen Gipfelerlebnissen zurückgreifen. Aber diese Kräfte können wir entfachen, sie in unsere Partnerschaften ebenso einfließen lassen wie in unsere Jobs, in unseren Alltag und in unsere Beziehungen zu allen Menschen.

Das Einmaleins des Energie-Recyclings

1. Viele alte tantrische und taoistische Meister wurden als wahre »Methusalems« gerühmt. Ihr Geheimnis war es, die Lebensenergie so lange bewusst zu steuern, wie sie nur wollten.

2. Auf einen kurzen Nenner gebracht hieß ihre Formel: richtiges Denken – richtiges Atmen – richtiges Lenken der Sexualkraft.
3. Richtiges Denken bedeutet, sich bewusst zu machen, dass in unseren Gedanken eine ungeheure Macht liegt. Allein die Vorstellung von Gesundheit kann uns gesund machen, weil unser Körper weit eher einer Art Energie- und Informationsfeld gleicht als fester Materie.
4. Denken Sie an den Geschmack einer Zitrone und nach ein paar Sekunden an Lust! Allein diese zwei

gegensätzlichen Vorstellungen zeigen Ihnen, wie sehr unsere Gedanken und Gefühle sogar die Chemie des Körpers beeinflussen.

5. Den Lebensbaum macht jedoch nicht nur seine Krone aus: In der indischen Yogalehre und im Tantrismus gilt das »Sakrum«, der »heilige Knochen« der Wirbelsäule, als Wurzel, von der aus »sakrale«, also heilige Nerven über das Rückenmark als Stamm zu den Zweigen, Blättern und Blüten des Baumes und damit zum Gehirn verlaufen.

6. Das energetische Zusammenspiel

des Gehirns basiert also auf den Wurzeln des Baumes. Andererseits ist es wiederum das erotische Selbstverständnis dieses Gehirns, das darüber bestimmt, ob wir nur Sex betreiben und die Sexualkraft dabei nach unten abfließen lassen oder ob wir sie zurück zum Scheitelpunkt leiten.
7. Drei Faktoren entscheiden also letztendlich über Ihren Gesundheitszustand ebenso wie über Ihre Lebensdauer: Ihr persönliches Gefühl für Erotik, die Kunst, den Atem zu entspannen, und die Art

und Weise, wie Sie Ihre Lust kontrollieren und durch den Körper leiten können.

VII. Einen Ort zu ihrer Freude

Einen Ort zu ihrer Freude verspricht der Lebensbaum jenen, die auf der siebten Stufe zu den *Mächtigen der Zeiten* werden. Eine Zeit lang sah ich in diesem Ort nur das Gehirn und seine Möglichkeiten, alles und jedes mit Erotik aufzuladen. Man braucht jedoch nur fünf Minuten lang die Augen zu schließen und sich in den Lustballon einzuschwingen, um zu bemerken, wie unzulänglich diese Betrachtungsweise ist.

Falls Sie sich tatsächlich eine meditative »Pause der Lust« gönnen, in Ihrem Lustballon für kurze Zeit eine Ihrer Lieblingsübungen aus den vergangenen sechs Zyklen durchspielen, werden Sie feststellen, dass der Ort, der Freude verspricht, weder in Ihrem Gehirn noch in Ihrem materiellen Körper liegt. Es geht nämlich um jenen erotischen Körper, der viel tiefer, irgendwo in den weiten Gefilden Ihres Unterbewusstseins, angesiedelt ist. Die Konzentration Ihres Gehirns dient zwar als

Auslöser, der »Ort der Handlung« aber ist jenes weite Land des Eros, das wir bis heute mehr und mehr erforscht haben.

Jeder weitere Schritt wird ein magnetischer Schritt sein. Sie brauchen nur noch einmal fünf Minuten die Augen zu schließen und wieder in den Ballon zurückzukehren. Stellen Sie sich im Geist eine Skala vor, an deren Anfang das eher stumpfe Gefühl der normalen Sexualität steht, am Ende jedoch ungeahnte Ekstase. Versuchen Sie bei jedem Ausatmen die Lust ein wenig anzuheben – so lange, bis Sie auf der

Skala der Lust sehr weit oben angekommen sind. So wie wir alle über eine Schmerzschwelle verfügen, gibt es in uns auch einen Gradmesser für die Lust. Dafür haben Sie in den letzten Siebener-Zyklen bereits ein besonderes Gespür entwickelt; jetzt versuchen Sie die Skala noch höher hinaufzuklettern, Sie »surfen« sozusagen auf den intensivsten Lustwellen. Genau in diesem Moment stellen Sie sich nun vor, nicht nur völlig erotisch, sondern auch einer der *Mächtigen der Zeiten* zu sein. Wenn Sie die Augen wieder öffnen, fragen Sie sich, wie Sie sich jetzt fühlen. Vor allem aber werden Sie sich der Tatsache bewusst, dass Sie damit Ihren erotischen Körper noch um ein ganzes Stück lustvoller und lebendiger gemacht haben.

Beide Übungen können Sie auch im folgenden großen Partnerspiel einsetzen: Gönnen Sie sich einen Abend, an dem alles und jedes lustvoll sein soll: Das erste gemeinsam getrunkene Glas Wein, die besondere Kleidung, die Sie tragen, die Musik, die Speisen, mit denen Sie Ihr Liebesspiel lustvoll unterbrechen können. Genießen Sie jeden Schluck, jeden Bissen, die Blumen, die im Zimmer stehen, die Töne die durch den Raum hallen, Ihren Partner oder Ihre Partnerin, Ihre eigene Haut, Ihr eigenes Lustgefühl ... Vor allem aber stellen Sie sich vor, selbst jemand zu sein, der über die Zeit gebietet und dem die Ewigkeit zur Verfügung steht. Denken Sie daran, dass Ihr Bewusstsein ein magisches Schwert ist, das jede Geste, jedes Streicheln erotisiert. Dehnen Sie daher schon beim Vorspiel Ihre Lustkurve immer höher aus; verweilen Sie zeitweise in der Energie, um sie dann noch ein Stückchen ansteigen zu lassen.

Der Weg ist das Ziel, nicht der Orgasmus. Versuchen Sie diesen so lange wie möglich hinauszuziehen. Das gelingt Ihnen umso besser, je mehr Sie an die Ewigkeit denken, die Sie zur Verfügung haben; vielleicht auch daran, dass die Verschmelzung der feinstofflichen Kräfte von Mann und Frau frühestens nach einer halben Stunde möglich wird. Halten Sie inne, genießen Sie die Lust, und lassen Sie sich von dieser Lust wegtragen. Verlieren Sie dabei jedoch nicht das Bewusstsein, und stellen Sie sich selbst im Augenblick des Orgasmus als den erotischsten

Menschen der Welt vor. Beim nächsten Mal gehen Sie aber noch einen Schritt weiter: Imaginieren Sie einen Plan, den Sie mit Ihrem Partner gemeinsam verwirklichen wollen. Damit haben Sie zu zweit bereits eine erste Stufe in Sachen Sexualmagie erreicht.

Das Reiten auf den Wellen der Lust und das Imaginieren von Plänen lässt dank der Übung, die Sie in den ersten sieben Zyklen erlangen, übrigens auch allein in Ihrem ganz persönlichen Lustballon praktizieren. Als Single kann man also im Augenblick des Orgasmus die Zukunft in der Gegenwart ebenso »programmieren«, wie es einst vielleicht schon die alten Magier taten.

Das Einmaleins der magischen Kraft

1. Die magische Kraft ist jene Konzentration, die Neues schafft.
2. Normalerweise läuft in unserem Gehirn ein ununterbrochener Dialog ab. Konzentration aber bewirkt, dass die Sexualkraft ungehindert den Lebensbaum hinunter- und hinauffließen kann.

3. Waren es zuerst die Abwehr gegen die Außenwelt im Bauchnabel und unser Gefühlspanzer rund um den Liebespunkt, die dieses Fließen beeinträchtigt haben, so kommen jetzt auch noch unsere unkontrollierten Gedanken hinzu, die schon im Kopf die ganze Energie verbrauchen.
4. Konzentrieren wir uns jedoch auf etwas Bestimmtes, oder gelingt es uns gar, die Gedanken ganz abzuschalten, kehrt die Energie automatisch zu ihrem Ausgangspunkt zurück, und das Recycling setzt ganz von selbst ein.

5. Dieses ungehinderte Fließen der Sexualenergie macht die energetische Anordnung in den Tiefen unserer Zellen lustvoll und »strahlend«.
6. Genau dies ist der Zeitpunkt, um mithilfe der Erotik noch ein wenig tiefer in die geheimnisvollen Schichten unseres Unterbewusstseins hinabzusteigen und den »Ort der Freude« als den Schauplatz jeder Form von Magie zu entdecken.
7. Oberstes Gebot dabei ist der »Tod« im Orgasmus, die Auflösung aller

Schranken mithilfe der Lust. In diesem Augenblick können wir »zaubern«: Wir erschaffen in Bildern die Zukunft, und unser Unterbewusstsein wird später dafür sorgen, dass »die Ursache der Wirkung folgt«.

Erotische Macht

Der Begriff »Macht« hatte lange Zeit einen negativen Beigeschmack; Macht konnte dazu missbraucht werden, andere zu unterdrücken, sie zu betrügen. An dieser dunklen Seite der Macht führt auch und gerade heute kein Weg vorbei; andererseits sollten wir jedoch, wie mich die *Mächtigen der Zeiten* lehrten, auch die andere, die helle Seite der Macht nicht außer Acht lassen.

Macht kann aggressiv, aber auch zutiefst erotisch und liebevoll sein; dies zeigt uns schon die kleinste Probe aufs Exempel.

Stehen Sie einfach nur auf, geben Sie das Stichwort für Ihren erotischen Körper, und fühlen Sie die Macht der Freude und der Erotik im ganzen Körper. Es ist ein völlig anderes Gefühl als das jener Macht, die verbietet, einschränkt und unterdrückt. Das Gefühl der Freude und der Erotik wird Sie wachsen lassen, es wird Sie größer und mächtiger machen und Ihnen jenen Magnetismus schenken, auf den die meisten von uns so lange verzichten mussten.

Diesen erotischen Magnetismus können wir in unser ganzes Leben einfließen lassen. Wir müssen nur endlich aufhören, über dies und jenes zu jammern, den Alltag der Negativität zu überlassen und zu glauben, dass uns Freude und Ekstase nur in ganz besonderen Momenten zustehen. Diese beiden Gefühle sind die Grundbausteine eines menschlichen Potenzials, das noch lange nicht ausgeschöpft ist, das wir aber zu verstehen beginnen, wenn wir die erotische Macht in uns spüren.

Bis heute haben wir in einer Art »schwarzmagischem Spiegelkabinett« gelebt, das von der dunklen Seite der Macht bestimmt war. Uns wurde gesagt, dass dies und jenes Sünde sei – und unsere Sinne erschöpften sich darin, gegen diese Sünden anzukämpfen, sie aber gleichzeitig heiß zu begehren. Dies warf unzählige Schatten auf die Spiegel rund um uns herum. In den Übungen haben wir jedoch diese Spiegel »poliert« und somit mehr und mehr unsere wahren erotischen Fähigkeiten entdeckt, die wir bis dahin nur ziellos »verstreut« hatten. Üben wir konsequent weiter, kann sich das schwarzmagische Spiegelkabinett völlig auflösen; wir werden uns die wahre Genussfähigkeit unserer fünf Sinne wieder zu eigen machen, vor allem jedoch die unseres alles umfassenden »Meta-Sinns«, des *sexten Sinns* der Erotik.

Wenn es uns gelingt, mit unseren sexuellen Energien ständig verbunden zu sein, den Magnetismus des Eros in jede Situation einfließen zu lassen, sind wir endlich auch sexuell selbstständig geworden; aus den *Larven* sind freischwebende Schmetterlinge, *bunte Fal-*

ter geworden. Dann können wir entscheiden, ob wir unseren erotischen Magnetismus einfach nur für uns selbst nutzen oder in die verschiedensten Beziehungen einfließen lassen wollen. Heterosex, Solosex, Homosex – all diese Bezeichnungen werden in Zukunft keine Rolle mehr spielen; es wird einzig und allein darum gehen, die Supermacht des Eros selbst auszustrahlen.

Quellennachweis

Margret E. Arminger, *Der sexte Sinn. Die Kunst, Erotik und Lebenslust zu wecken*, © 2001 by Verlag Hermann Bauer GmbH & Co. KG, Freiburg im Breisgau.

Weitere Titel aus der Reihe
NAHRUNG FÜR DIE SEELE
finden Sie bei Ihrem Buchhändler

NAHRUNG FÜR DIE SEELE
... schenken macht Freude